DEBUT D'UNE SERIE DE DOCUMENTS
EN COULEUR

LA SYRIE

Importance actuelle des intérêts français en Syrie.

Leur développement dans l'avenir.

La Banque de Syrie.

IMP. CHAIX
PARIS

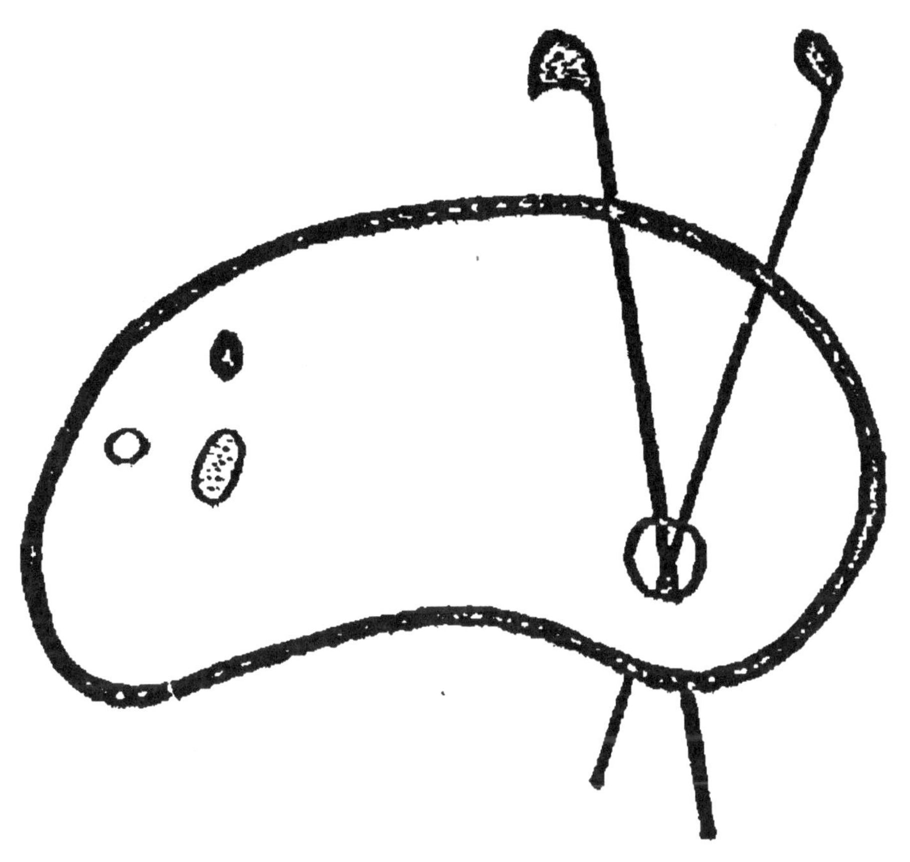

FIN D'UNE SERIE DE DOCUMENTS
EN COULEUR

LA SYRIE

Importance actuelle des intérêts français en Syrie.

Leur développement dans l'avenir.

La Banque de Syrie.

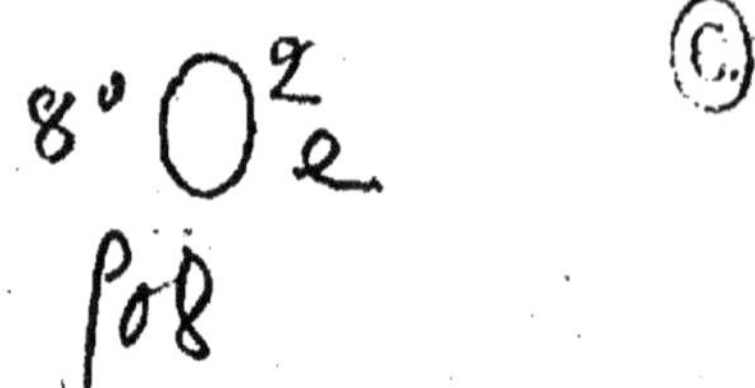

Communication faite, le 3 janvier 1919, au Congrès Français de la Syrie,
par M. BOISSIÈRE,
Directeur de la Banque Impériale Ottomane, à Paris.

LA SYRIE

Importance actuelle des intérêts français en Syrie.

Possibilité et moyens de leur développement dans l'avenir.

Création par la

Banque Impériale Ottomane d'une filiale française :

LA BANQUE DE SYRIE

L'un des effets les plus certains de la guerre sera d'émanciper la Syrie de la souveraineté et même de l'influence ottomanes.

Par l'organe de leurs comités établis à l'étranger, les Syriens sont unanimes à revendiquer l'autonomie de leur patrie et à réclamer l'extension de cette liberté jusqu'à ses plus extrêmes frontières naturelles. La Chambre de Commerce de Marseille a appuyé de ses vœux les revendications de la Syrie intégrale.

Tant dans leurs accords orientaux de 1916 que dans leurs conversations actuelles, les Alliés se sont préoccupés de satisfaire à ces aspirations.

Dans la mesure où l'on peut connaître les conclusions de ces pourparlers, on peut affirmer qu'un double principe a été posé, d'une manière, semble-t-il, irrévocable :

D'une part, la Syrie, quelles qu'en doivent être les limites précises, bénéficiera d'un statut politique propre ;

D'autre part, la France y obtiendra la consécration de son influence prépondérante et traditionnelle, quelque modalité que doive revêtir le droit de contrôle et de tutelle qui lui sera reconnu.

La France, pour exercer en Syrie cette prépondérance politique trouvera, dès l'abord, le fondement le plus ferme dans l'influence économique qu'elle y détient déjà. Mais elle devra y accroître encore son activité financière et commerciale pour l'élever à la hauteur de sa nouvelle situation politique privilégiée.

La Banque Impériale Ottomane, groupement d'intérêts en grande majorité français, s'est préoccupée, dès que les circonstances l'ont permis, de cette nouvelle situation et des possibilités de faciliter l'expansion française en Syrie que lui assurent l'existence ancienne de ses agences et l'étendue de ses relations commerciales dans ce pays.

Pour mieux envisager l'avenir, il est utile de préciser d'abord quelle était avant la guerre l'importance des intérêts français en Syrie, puis, quel champ la Syrie offre aujourd'hui à l'action plus intense de la France et quels sont les moyens les plus propres à favoriser le développement de cette action.

Tous les renseignements dont on dispose pour le moment en vue de déterminer ces possibilités, se réfèrent malheureusement à la période d'avant-guerre.

Il n'est pas douteux que la guerre a désorganisé l'économie publique et privée de la Syrie, par les ruines que l'action militaire proprement dite y a provoquées, par le désordre administratif et notamment financier, par la dépréciation du signe monétaire, par les préjudices causés aux entreprises françaises d'utilité publique.

A l'inverse, il est possible que les nécessités de la guerre et l'abondance de la circulation fiduciaire aient entraîné des créations d'industries, un certain développement de l'agriculture, une certaine prospérité.

Dès que les indications nouvelles auront pu être reçues, des précisions ou même des modifications pourront être apportées sur tous ces points.

Importance actuelle des intérêts français en Syrie.

Les rapports franco-syriens comportent deux éléments : les capitaux et les produits. D'une part, la France a placé ses épargnes en Syrie, ce qui lui a conféré le contrôle de sociétés importantes, voire même de services publics ; d'autre part, la France et la Syrie échangent des marchandises.

I. — ENTREPRISES ET CAPITAUX FRANÇAIS EN SYRIE

Les grandes entreprises d'utilité publique qui ont transformé la Syrie en ces cinquante dernières années (routes, voies ferrées, quais et ports, eaux, gaz) sont toutes dues à l'initiative française, ont été créées par des Français, avec des capitaux français. Les Sociétés de cet ordre sont naturellement ottomanes, mais on peut dire que la qualité de Société ottomane imposée aux Sociétés anonymes exerçant leur activité dans l'Empire Ottoman se trouvera tout naturellement transformée dès que le statut politique de la Syrie sera établi.

A. — **Routes.** — Dès avant les événements de 1860, une Compagnie française se fit attribuer la concession, entre Beyrouth et Damas, d'une chaussée carrossable de 112 kilomètres, parcourue par un service de diligences. La Société fut dissoute en 1892 et absorbée par la Compagnie des Chemins de fer Ottomans économiques de Beyrouth-Damas-Hauran.

En septembre 1910 s'est, en outre, fondée à Paris, pour une durée de quatre-vingt dix-neuf ans, au capital de 4 millions, la *Société Générale d'Entreprises dans l'Empire Ottoman* (1), qui a pour objet l'étude et

----

(1) Le Conseil d'administration est composé de MM. Ph. Fougerolle, président; Grandjean, vice-président ; Rebuffel, administrateur délégué ; Alby, Boyer, Cordier, X. Fougerolle, Marchal, administrateurs.

la réalisation de tous travaux publics ou particuliers dans l'Empire Ottoman et qui se propose de développer le système routier en Syrie par la construction de routes de pénétration.

B. — Chemins de fer et Tramways. — Trois grandes Compagnies de Chemins de fer et Tramways ont été créées avec les capitaux français et sont administrées par des Français :

La Société Ottomane des Chemins de fer de Damas-Hamah et Prolongements ;

La Société des Chemins de fer Ottomans de Jaffa à Jérusalem et Prolongements ;

La Société anonyme Ottomane des Tramways Libanais, Nord et Sud de Beyrouth.

1° *Société Ottomane des Chemins de fer de Damas-Hamah et Prolongements* (1). — Fondée en 1891, elle exploite un réseau de près de 700 kilomètres, comprenant la ligne à voie étroite de Beyrouth-Damas-Mzérib (ancien réseau de 249 kilom.), la ligne à voie large Rayak-Alep (nouveau réseau, de 331 kilom.), et l'embranchement à voie large de Homs-Tripoli (102 kilom.).

La Société a un capital actions de 15 millions de francs et un capital obligations actuel de 110 millions environ.

En 1913, les recettes brutes totales ont atteint le chiffre de 9 millions 305.252 francs, soit une recette kilométrique moyenne de 13.622 francs ; le chemin de fer a transporté 814.526 voyageurs et 477.713 tonnes de marchandises.

2° *Société des Chemins de fer Ottomans de Jaffa à Jérusalem et Prolongements* (2). — Constituée en 1889, elle exploite depuis 1898 la ligne à voie étroite de Jaffa à Jérusalem (31 kilom.) et s'est fait réserver en 1914 un droit de préférence pour le prolongement de la ligne jusqu'à la mer Morte.

Le capital actions est de 4 millions. Quant au capital obligations de 20 millions, il fut transformé, à la suite du concordat de 1894, en obligations d'un revenu variable, qui, du reste, depuis 1906, ont touché le plein de l'intérêt de 5 0/0.

Les recettes brutes ont été, en 1912, de 1.200.521 francs.

---

(1) Le Conseil d'administration est composé de MM. Bénébrias de Frédaigues, Sallandrouze de Lamornaix, Emond, Rey, Blanche, de Bouthillier-Chavigny, Carraby, Delaunay, Mallet, Youssouf Razy Bey, Salem.

(2) Le Conseil d'administration est composé de MM. de Vauréal, de Bertrand, E. et G. de Nalèche, de la Giraudière.

3° *Société anonyme Ottomane des Tramways Libanais, Nord et Sud de Beyrouth* (1). — Fondée en 1892, elle est concessionnaire d'une ligne de chemin de fer à voie d'un mètre, d'une longueur de 120 kilomètres, s'étendant entre Saïda et Tripoli, en passant par ou près Choeffat, Beyrouth, Djouni, Mameltein et Djebail. Les 20 kilomètres les plus rapprochés de Beyrouth sont seuls construits et exploités par la Régie générale des Chemins de fer, Société française qui possède des intérêts importants en Turquie.

Le capital actions est de 1.750.000 francs et le capital obligations de près de 4 millions, représentés par 11.399 obligations de 350 francs 4 0/0.

Les recettes brutes ont atteint en 1913, 302.333 francs.

A ces intérêts actuels dans le domaine des voies ferrées, il convient d'ajouter les lignes que la France a projetées et qui finiront de consacrer sa prise de possession du pays. A la veille même de la guerre, la Société Damas-Hamah a obtenu la concession d'une ligne d'environ 200 kilomètres, de Rayak à Ramleh, destinée à opérer le raccordement avec le Jaffa-Jérusalem. De plus, la France a un droit de préemption sur la ligne d'Homs à Deir-el-Zor, sur l'Euphrate, et un droit de préférence sur celle d'Alep à Alexandrette, qui mettrait le rail français au contact du Bagdad et dériverait heureusement à son profit une partie du transit de la Haute Mésopotamie.

En regard de l'œuvre française, aucune Société européenne n'a construit une ligne de chemin de fer en Syrie; la Turquie a seulement réussi à réaliser le chemin de fer du Hedjaz.

Ainsi l'ensemble du réseau ferré de Syrie, le Hedjaz excepté, soit 790 kilomètres, est entre les mains de la France. Les renseignements précédents, qui mettent en lumière cette prépondérance française, donnent en outre sur le trafic dont la Syrie est le siège des indications qui peuvent servir de base à l'appréciation de sa richesse actuelle et de ses possibilités de développement.

C. — **Quais et Ports.** — C'est à une Société de caractère nettement français qu'appartient la concession du port de Beyrouth, le plus important de tous ceux qui jalonnent la côte Syrienne :

---

(1) Le Conseil d'administration est composé de MM. ...., Edouard Coze, Maillard, comte de Cholet, Paul Blanche.

La Compagnie Ottomane du Port, des Quais et Entrepôts de Beyrouth (1).
— Constituée en 1888, cette Société dispose d'un capital actions de 6 millions et d'un capital obligations actuel de 7 millions 1/2, en titres 4 0/0.

L'exploitation du port est confiée depuis 1901 à la Régie générale des chemins de fer, moyennant un forfait de dépenses. Les recettes brutes ont atteint, en 1913, 1.143.035 francs.

Le nombre des vapeurs venus à Beyrouth en 1913 a atteint 1.024, et celui des voiliers 1.826, faisant un tonnage global de 1.799.414 quintaux.

Quant au tonnage des marchandises manutentionnées, il a été de 215.509 tonnes, se décomposant en :

    193.844 tonnes à l'importation.
    19.249   —   à l'exportation.
    2.416   —   non tarifées.

Par convention de mars 1914, le Gouvernement ottoman a accordé à un groupe français la concession de la construction et de l'exploitation de ports de commerce à Jaffa et Tripoli, et lui a confié en outre la construction du port de Caïffa.

D. — Phares. — En vertu d'un acte du 8/20 août 1860, la Société française Collas et Michel détient jusqu'en 1849 la concession de la construction et de l'administration des phares de toutes les côtes ottomanes et, par conséquent, notamment des côtes de Syrie.

E. — Eaux. — En 1909, fut constituée par des groupes français, la

Compagnie Ottomane des Eaux de Beyrouth

qui racheta la concession de « The Beyrouth Waterworks C°, Ltd. ». Société anonyme anglaise fondée à Londres en 1873, pour la construction de la canalisation et la distribution des eaux à Beyrouth.

Le capital actions est de 4 millions de francs et le capital obligations autorisé, de 5 millions.

F. — Éclairage. — Ce sont encore des capitaux français, avec l'aide de capitaux belges, qui s'intéressèrent aux deux Sociétés d'éclairage :

Société Anonyme Ottomane du Gaz de Beyrouth,
Société Anonyme Ottomane des Tramways et de l'Électricité de Beyrouth.

---

(1) Le Conseil d'administration est composé de MM. baron de la Giraudière, comte de Bouthillier, René Emond, Arsène Henri, baron Michon-Coster, E. et O. de Monicault, Pangiris Bey, comte de Perthuis, comte Louis de Vogüé, Wiener.

La première fut fondée en 1887. Son capital-actions de 800.000 francs fut porté successivement à 2.200.000 francs.

La Société émit en outre 4.868.000 francs d'obligations.

Par suite des bouleversements causés par les guerres balkaniques, la Société fut dans l'impossibilité d'assurer le service des obligations et dut poursuivre, avec l'aide d'un Comité de défense, créé par l'Office National des valeurs mobilières, l'élaboration d'un plan de réorganisation que la guerre n'a pas encore permis de réaliser.

La seconde fut constituée en 1906 pour réaliser la concession de la construction et de l'exploitation dans la ville de Beyrouth d'un réseau de tramways à traction électrique et de la production de l'électricité pour l'éclairage et comme force motrice.

Ainsi, l'hégémonie financière de la France s'affirme dans tous les grands services publics qui constituent l'outillage économique de la Syrie.

II. — COMMERCE ET NAVIGATION DE LA SYRIE

A. — **Commerce.** — Il est assez malaisé de donner des statistiques précises du commerce extérieur de la Syrie. Les tableaux suivants dressés d'après les plus récents « diplomatic and consular reports » donneront cependant quelques indications sur les transactions des principaux centres ou ports et sur la part qu'y prend la France en regard de ses concurrents européens.

Alexandrette (1) en 1912.

	Exportations. Fr.	Importations. Fr.
France	3.366.613	2.210.205
Royaume-Uni	492.871	11.445.713
Allemagne	760.887	1.791.502
Autriche-Hongrie	337.821	2.187.532
Russie	569.316	710.396

Par le port d'Alexandrette transite tout le commerce du vilayet d'Alep.

Les exportations vers la France portent notamment sur : les cocons de soie (258 tonnes en 1912, d'une valeur de 11.332.200 piastres), le coton, la gomme et la colle, le blé, l'orge, l'avoine, les cuirs et peaux, la réglisse, les lentilles, pois et vesces, les œufs.

---

(1) V. n° 5167 *Annual Series-Turkey.* Report for the year 1912 on the Trade of the Aleppo Vilayet.

Les importations de France comprennent principalement : les soieries, la cochenille, le plomb, l'étain et l'acier.

Beyrouth en 1913 (1).

	Exportations.	Importations.
	Fr.	Fr.
France	13.038.740	4.413.500
Royaume-Uni	340.470	25.585.690
Allemagne	131.144	4.035.200
Autriche-Hongrie	63.050	5.296.200
Russie	50.440	2.572.440

Les exportations vers la France portent notamment sur : les abricots, les figues et raisins secs, l'albumine et les œufs, les cuirs et peaux, l'huile d'olive, les cocons (1.800 balles en 1911, 1.260 en 1912, 4.900 en 1913), les fils de soie (2.670 balles en 1911, 2.455 en 1912, 2.800 en 1913).

Les importations de France portent sur : la bijouterie et joaillerie, les vêtements, les produits pharmaceutiques, les verres, la quincaillerie, la lingerie, les fers et aciers, les cuirs tannés, les clous, le papier à cigarettes, les vernis, les conserves, les ciments, les soieries, les spiritueux, les tuiles, le sucre, la biscuiterie, le savon.

Damas (2).

Le commerce de Damas avec la France se chiffre ainsi. :

	1909	1910	1911
	Fr.	Fr.	Fr.
Exportations de Damas. . . .	1.118.507	1.188.189	1.218.378
Importations à Damas	1.238.302	1.114.875	1.171.721

Le commerce de Damas se fait en grande partie par le port de Beyrouth.

Les principaux articles d'exportation sont : la soie, le coton, le chanvre et les cordes, les abricots, la réglisse, les pois chiches, les peaux, la nacre incrustée, les produits de cuivre, les antiquités, les tapis.

Les principaux articles d'importation sont : les cotonnades, les vêtements, les soieries, le sucre, le cuir, la quincaillerie, le cuivre jaune, le zinc et l'étain, la bonneterie, la porcelaine, le papier, les produits pharmaceutiques, l'alcool et les liqueurs, les articles de fantaisie.

---

(1) V. n° 5302 *Annual Series-Turkey*. Report for the year 1913 on the Trade and Commerce of Beirut and the Coast of Syria.

(2) V. n° 5016 *Annual Series-Turkey*. Report for the year 1911 on the Trade of Damascus.

Caïffa (1).

On ne possède aucune statistique un peu récente du commerce français avec Caïffa, non plus qu'avec les différents autres ports de Syrie ; on en connaît seulement la nature :

Exportations de Caïffa : Sésame (6.960.384 kilog. en 1911, 8.303.304 en 1912, 3.483.263 en 1913, exclusivement pour Marseille et le Havre).

Importations à Caïffa : Vêtements, produits pharmaceutiques, farine, verrerie, quincaillerie, fers et aciers, papier et articles de librairie, vernis, conserves, portland et ciment hydraulique, vins et spiritueux, sucre.

Lattaquieh (2).

Exportations vers la France : Graine de dari (embarquée pour Marseille), fruits secs, œufs, huile d'olive.
Importations de France : Farine, cuir tanné.

Sidon (3).

Exportations vers la France : Fruits secs, œufs, huile d'olive.
Importations de France : Fers et aciers, ciments, sucre, tuiles, produits chimiques.

Tripoli (4).

Exportations vers la France : Abricots, graine de dari, fruits secs, cocons, œufs, cuirs et peaux, fil de soie, savons.
Importations de France : Produits chimiques et pharmaceutiques, poteries, glaces et verre, quincaillerie, fers et aciers, clous, papier, papier à cigarettes, vernis, conserves, ciment, soieries, spiritueux, sucre et tuiles.

Telle est l'importance actuelle du commerce français en Syrie.

En ce qui concerne les exportations de Syrie, elle confère à la France le premier rang comme client européen de la Syrie ; en ce qui concerne les importations, elle se place immédiatement après l'Angleterre (5) et l'Autriche-Hongrie (6), cette dernière ne la distançant que d'une faible longueur.

B. — **Navigation dans les ports de Syrie.** — Les tableaux ci-après indiqueront la part des divers pavillons européens dans les mouvements des principaux ports de Syrie (7) :

---

(1) V. même rapport anglais que pour Beyrouth.
(2) V. même rapport que pour Beyrouth.
(3) Idem.
(4) Idem.
(5) L'Angleterre importe principalement du charbon, des cotonnades, des fers et des métaux, des conserves, de la soude, du cuivre, de la lingerie, des allumettes, de la bière.
(6) L'Autriche-Hongrie importe principalement du sucre, des fez, de la quincaillerie, du verre, des cuirs, des allumettes, du papier.
(7) V. *Diplomatic and Consular reports*, déjà cités.

Alexandrette (en 1912).

NATIONALITÉ	ENTRÉS				SORTIS			
	Avec charge		Sur lest		Avec charge		Sur lest	
	Bat.	Tonnes de jauge	Bat.	Tonnes de jauge	Bat.	Tonnes de jauge	Bat.	Tonnes de jauge
Français	18	41.459	»	»	17	39.193	1	2.266
Anglais.	112	149.879	25	24.569	111	140.256	25	35.529
Italiens.	»	»	»	»	»	»	»	»
Allemands.	21	38.950	1	2.681	18	29.690	6	10.121
Austro-Hongrois. .	53	103.810	»	»	30	57.328	23	46.512
Russes	96	158.521	»	»	81	131.819	15	26.702

Beyrouth (en 1913).

NATIONALITÉ	ENTRÉS		SORTIS			
	avec charge		Avec charge		Sur lest	
	Bat.	Tonnes de jauge	Bat.	Tonnes de jauge	Bat.	Tonnes de jauge
Français	173	476.505	173	476.505	»	»
Anglais.	215	305.820	196	272.742	1"	33.078
Italiens.	136	250.167	136	250.167	»	»
Allemands.	53	93.962	53	93.962	»	»
Austro-Hongrois. .	143	273.859	143	273.859	»	»
Russes	143	245.415	143	245.415	»	»

Caïffa (en 1913).

NATIONALITÉ	ENTRÉS		SORTIS			
	avec charge		Avec charge		Sur lest	
	Bat.	Tonnes de jauge	Bat.	Tonnes de jauge	Bat.	Tonnes de jauge
Français	24	49.310	24	49.310	»	»
Anglais.	131	189 961	129	179.195	5	10.766
Italiens.	35	65.462	35	65.462	»	»
Allemands.	28	49.418	28	49.418	»	»
Austro-Hongrois. .	116	236.536	116	236.536	»	»
Russes	107	193.518	107	193.518	»	»

Lattaquieh (en 1913).

NATIONALITÉ	ENTRÉS				SORTIS			
	Avec charge		Sur lest		Avec charge		Sur lest	
	Bat.	Tonnes de jauge	Bat.	Tonnes de jauge	Bat.	Tonnes de jauge	Bat.	Tonnes de jauge
Français	24	55.500	»	»	24	55.500	»	»
Anglais	65	96.097	1	2.017	65	96.742	1	1.402
Italiens	»	»	»	»	»	»	»	»
Allemands.	»	»	3	5.149	3	5.149	»	»
Austro-Hongrois. .	2	3.095	4	6.693	6	9.788	»	»
Russes	1	680	»	»	»	»	1	680

Sidon (en 1913).

NATIONALITÉ	ENTRÉS				SORTIS			
	Avec charge		Sur lest		Avec charge		Sur lest	
	Bat.	Tonnes de jauge	Bat.	Tonnes de jauge	Bat.	Tonnes de jauge	Bat.	Tonnes de jauge
Français	»	»	»	»	»	»	»	»
Anglais	5	5.643	5	8.320	9	13.511	»	»
Italiens	1	1.190	»	»	»	»	1	1.190
Allemands.	1	1.752	»	»	»	»	1	1.752
Austro-Hongrois. .	2	949	»	»	»	»	2	949
Russes	8	6.651	9	16.631	15	20.280	2	2.735

Tripoli (en 1913).

NATIONALITÉ	ENTRÉS				SORTIS			
	Avec charge		Sur lest		Avec charge		Sur lest	
	Bat.	Tonnes de jauge	Bat.	Tonnes de jauge	Bat.	Tonnes de jauge	Bat.	Tonnes de jauge
Français	67	191.830	»	»	67	191.830	»	»
Anglais	159	212.239	1	1.220	160	213.459	»	»
Italiens	86	158.617	»	»	86	158.617	»	»
Allemands.	52	88.079	»	»	47	74.376	5	13.703
Austro-Hongrois. .	119	229.033	»	»	116	227.887	3	1.146
Russes	120	197.016	»	»	119	195.819	1	1.197

En dehors de ces six ports de la Syrie proprement dite, il est intéressant d'indiquer les relations maritimes de la France avec Mersina et Salefké qui accaparent tout le commerce extérieur du vilayet d'Adana, puisque ce vilayet, aux termes des accords de 1916, ferait partie de la Syrie française (1).

	TRAFIC MARITIME EN 1328 (1912-1913)			PART DE LA FRANCE
	Nombre		Tonnage	
	Vapeurs	Voiliers		
Mersina	119	827	685.450	39.201
Salefké	3	411	18.300	"

Grâce à la Compagnie des Messageries Maritimes et à la Compagnie Cyprien Fabre, notre marine marchande, malgré une rude concurrence, se montre en Syrie florissante, et à Beyrouth qui est vraiment le grand port Syrien, notre pavillon occupe le premier rang comme tonnage.

(1) *Revue Commerciale du Levant.* Bulletin mensuel de la Chambre de Commerce française de Constantinople, 31 mars 1914.

Possibilité et Moyens de Développement des Intérêts Français en Syrie.

Pour asseoir sur la base la plus solide l'influence politique de la France en Syrie, il convient d'accroître encore, quelle qu'en soit l'importance actuelle, l'influence économique qu'elle y exerce.

Un tel accroissement est-il possible ?

Pour qu'il le soit, il faut :

1º Que la Syrie, par les qualités de son peuple, par les richesses encore inertes de son sol et de son sous-sol, présente les éléments et comme le substratum de son propre développement économique ;

2º Que la France ait à sa portée les moyens de mettre en valeur ces éléments inexploités de productivité, étant bien entendu qu'une période assez longue devra être consacrée à une remise en état dont les effets positifs n'apparaîtront que peu à peu.

Il semble que des deux conditions précédentes du développement économique de la Syrie, la première soit assez largement remplie, et qu'il dépende de la France — de l'action de l'État et de celle des particuliers — que la seconde soit réalisée.

I. — ÉLÉMENTS DE PRODUCTIVITÉ OFFERTS PAR LA SYRIE.

A. — **Superficie.** — Voici, d'après le bulletin annuel de statistique de l'Empire ottoman, la superficie des vilayets turcs devant constituer éventuellement la Syrie :

Vilayet d'Adana	40.080	kilom. carrés.
— de Beyrouth	24.750	—
— d'Alep	78.051	—
— de Damas	97.685	—
Sandjak de Liban	5.700	—
— d'Ourfa	25.750	—
Total	272.016	kilom. carrés.

B. — Population. — Les recensements trop espacés ne permettent pas de donner des chiffres récents certains ; les suivants, qui sont tirés du bulletin de statistique de l'Empire ottoman 1910, sont du moins indicatifs d'un ordre de grandeur (1) :

Vilayet d'Adana	485.951	habitants
— de Beyrouth	727.448	—
— d'Alep	789.789	—
— de Damas.	883.680	—
Sandjak de Liban.	500.000	—
— d'Ourfa.	154.061	—
Total.	3.544.832	habitants

Il est particulièrement intéressant de savoir comment se répartit cette population entre les villes et la campagne. Voici, d'après le rapport anglais sur le commerce de Beyrouth et de la côte de Syrie (juin 1914), la population des principales villes :

Aïntab	70.000	habitants.
Alep.	200.000	—
Alexandrette.	10.000	—
Beyrouth	150.000	—
Damas.	250.000	—
Caïffa.	30.000	—
Hamah	60.000	—
Homs	50.000	—
Lattaquieh.	20.000	—
Safed	15.000	—
Sidon	25.000	—
Tripoli	35.000	—
Total.	915.000	habitants.

Un tiers de la population syrienne habite donc les villes. Ce dépeuplement des campagnes au profit des agglomérations urbaines pourrait peut-être s'expliquer d'une part par la condition déplorable faite aux populations agricoles par le régime turc, d'autre part par le tempérament commerçant de la race syrienne.

---

(1) Ces chiffres ne peuvent être qu'indicatifs : car les pertes subies par les Syriens pendant la guerre et surtout les massacres dont la Syrie a été le siège ont diminué la population syrienne dans une proportion qu'il est jusqu'à présent impossible d'apprécier nettement.

La Syrie, dans l'ordre des questions de population, présente une seconde caractéristique : l'émigration. Plus de 10.000 Syriens s'expatrient annuellement : 300.000 Syriens forment ainsi d'importantes colonies disséminées au Brésil, dans les autres républiques sud-américaines, aux États-Unis, en Égypte, en Afrique du Sud, en Afrique Occidentale française. Cette émigration est faite avec esprit de retour : chaque année la Syrie voit revenir d'anciens émigrants apportant avec eux le fruit de leurs travaux, et, périodiquement, les émigrants installés dans les pays d'outre-mer envoient le montant de leurs économies aux membres de leur famille qui les consacrent à des achats de terrains. C'est une question de savoir si un régime plus stable institué en Syrie diminuerait l'émigration que certains tiennent pour une nécessité organique du tempérament Syrien. Elle n'est d'ailleurs pas sans profit pour elle : indépendamment des transferts d'argent qu'elle y fait effectuer, elle lui assure un certain fonds de relations commerciales, car les Syriens émigrés ont une tendance naturelle à nouer des relations d'affaires avec leurs compatriotes.

Il reste enfin à indiquer quelles sont les qualités économiques des Syriens. La Syrie possède une race sélectionnée, pure, aux caractères bien tranchés, formant, malgré l'extrême confusion des communautés religieuses, le noyau le plus homogène et le plus dense de l'Orient. Musulman ou chrétien, le Syrien est Arabe. Actif et souple, intermédiaire par esprit naturel, ouvrier habile et minutieux, il sera le meilleur collaborateur du commerce et de l'industrie français.

La Syrie apporte ainsi à la France l'élément humain de sa mise en valeur immédiate.

C. — Richesse du sol. — Il semble que le sol de la Syrie, à le prendre dans son ensemble, soit assez fertile et puisse permettre un développement intéressant de l'agriculture quand les causes de stagnation actuelles auront disparu. Les principaux produits sont :

1° Les céréales (1) ;

2° L'alfa, la canne à sucre et le coton, dont la culture réussit dans les plaines qui s'étendent dans la partie septentrionale du golfe d'Alexandrette (2) ;

---

(1) D'après Vital Cuinet, le Hauran produirait à lui seul dans les bonnes années 170.000 tonnes d'orge, 250.000 de maïs, 200.000 de blé.

(2) L'exportation du coton, de 9.000 tonnes en 1905 est passée à 21.000 en 1910, et dès 1908 deux filatures, installées à Adana et à Tarse, comptaient 16.000 métiers.

3° Les oranges (1), citrons, abricots (2), amandes, dattes, olives (3), des jardins du littoral de Damas et d'Alep;

4° Le tabac dont la culture prend une assez grande extension (4);

5° La vigne (5);

6° Le mûrier (6);

7° Les produits tinctoriaux ou pharmaceutiques, comme la « vallonée » employée en tannerie (7), le bois de réglisse (8);

8° Les forêts;

9° L'élevage des chevaux et des ovins (9).

D. — Richesse du sous-sol. — Bien que l'exportation des produits miniers soit actuellement presque nulle, exception faite du fer d'Adana et du chrome par le port d'Alexandrette, le sous-sol de la Syrie semble recéler des richesses qui méritent d'être sérieusement étudiées.

D'après M. le sénateur Étienne Flandin (10) qui s'est spécialisé dans les questions syriennes et qui, nommé récemment résident en Tunisie, se promet de multiplier les liens unissant des centres tels qu'Alep et Damas à notre Afrique du Nord, « il est incontestable que le plomb argentifère, le fer et le cuivre abondent dans le Djebel Akra et les environs d'Alep, que le nickel se trouve entre Alexandrette et Lattaquieh, les lignites et la houille dans le Liban et le Hauran »; les phos-

---

(1) Tripoli a exporté, en 1913, 300.000 caisses d'oranges et citrons.

(2) Beyrouth, en 1913, a exporté 6.900 sacs d'abricots; Damas, en 1911, en a exporté pour une valeur de 2.295.020 francs.

(3) Beyrouth, Sidon et Lattaquieh ont exporté, en 1913, 5.400 barils d'huile d'olive. La moyenne de la production des olives pouvant atteindre 80.000 tonnes et le prix variant de 75 à 80 francs les 100 kilogrammes, le revenu que le pays en tire serait donc de 50 à 60 millions de francs dans les années les plus favorables. (Rapp. Consul Beyrouth, n° 947, année 1911.)

(4) Les ports de Syrie ont exporté, en 1913, 986 tonnes de tabac et de tumbéki. Une grande partie est consommée sur place par la Régie ottomane.

(5) En 1912, Beyrouth a exporté 330.000 lbs. de vin.

(6) La moyenne de la production de soie grège, dont Marseille est avec Lyon le débouché exclusif a été, pour les années 1902-1911, de 573.000 kilogrammes.

(7) Elle provient du Taurus, et il en sort annuellement 1.000 tonnes par Alexandrette et Mersine.

(8) Il est principalement dirigé sur l'Amérique du Nord et, en 1912, il en est sorti 11.600 balles de Tripoli, 4.800 de Beyrouth, 18.000 d'Alexandrette. Cet article est devenu comme valeur (3.500.000 francs en 1912) le plus important de ceux qui passent par ce dernier port.

(9) En 1915, les ports de Syrie ont exporté 19.300 balles de laine et 8.020 balles de peaux.

(10) Nos droits en Syrie et en Palestine. *Rev. hebdomadaire* du 5 juin 1915.

phates, le bitume, le chrome, l'antimoine auraient également été entrevus.

Des prospections sérieuses pourraient donc être entreprises pour dresser l'inventaire de ces richesses latentes.

Ce que la France trouve en face d'elle en Syrie, c'est en résumé ce qu'elle a rarement rencontré jusqu'ici dans ses tentatives d'expansion : à savoir un pays de sol fertile et de sous-sol apparemment riche, dont le pouvoir d'absorption commerciale est important et en constant accroissement, qui enfin est occupé par une race intelligente et économe représentant à elle seule une appréciable valeur d'appoint.

II. — MOYENS POUR LA FRANCE DE DÉVELOPPER LA PRODUCTIVITÉ DE LA SYRIE ET D'ACCROITRE SES INTÉRÊTS EN SYRIE

Le développement de la valeur économique de la Syrie, sa réalisation puisque cette valeur est en somme surtout en puissance, pourront être obtenus si la France y applique l'effort parallèle de son Gouvernement et de son personnel commercial et industriel.

A. — **Action du Gouvernement.** — Les directions françaises que la Syrie recevra en même temps qu'un régime de large et souple autonomie, en faisant pénétrer les principes d'une bonne et stable organisation administrative, favoriseront la prospérité économique du pays. Après avoir assuré la remise en état des entreprises de capitaux et d'administration français qui auront été lésées par la guerre de quelque manière que ce soit, les conseillers techniques et financiers délégués par la France auprès du Gouvernement Syrien, se préoccuperont sans doute spécialement des finances, de la situation monétaire, des travaux publics, des encourageme..ts et facilités à accorder à l'agriculture, au commerce et à l'industrie. En vue de cette action, il peut être intéressant de donner un rapide aperçu sur la façon dont se posent ces différentes questions.

1° *Finances publiques*. — Il serait utile d'indiquer comment s'équilibre actuellement le budget de ces régions. Le tableau suivant,

— 20 —

emprunté au bulletin de statistique de l'empire ottoman (1910) fait ressortir recettes et dépenses :

VILAYETS ou SANDJAKS	RECETTES	N° D'ORDRE (1) par rapport aux recouvrements	DÉPENSES	N° D'ORDRE (2) par rapport aux dépenses
	Francs.		Francs.	
Beyrouth . .	31.911.800	5	8.801.400	13
Alep	20.276.800	10	7.953.100	15
Damas . . .	15.568.700	15	16.911.900	7
Liban. . . .	1.089.400	41	1.082.600	40
Adana. . . .	14.168.000	17	7.058.700	19
Orfa	2.237.900	37	933.500	41
Total. . .	85.265.000		42.721.800	

Les dépenses devront être simplement accrues pour assurer la mise en valeur de ce pays depuis trop longtemps laissé à l'abandon ; mais la productivité des recettes fiscales augmentera quand l'influence française sera parvenue par une gestion des finances bien comprise à établir l'ordre et la régularité dans leur recouvrement.

Parmi les revenus publics, il en est deux qui retiendront, semble-t-il, spécialement l'attention à raison de leur incidence capitale sur l'économie générale du pays : ce sont d'abord les douanes dont une augmentation de tarifs pourrait, tout en assurant au Trésor une source importante de recettes, apporter une protection utile aux productions indigènes, puis les impôts fonciers dont le mode rudimentaire d'assiette et de perception serait une cause de la stagnation agricole.

L'accroissement des recettes publiques permettra à la Syrie de supporter la part de la Dette publique ottomane dans laquelle, comme toutes les nations libérées de Turquie et toutes les puissances annexant des territoires ottomans, elle sera subrogée dans une proportion dont il appartient à la Conférence de la Paix de fixer la base de calcul.

2° *Circulation monétaire et fiduciaire.* — Le système monétaire actuel est compliqué par la multiplicité des unités métalliques ; la question de sa simplification et de sa conversion en système décimal se posera donc.

---

(1) Ce numéro indique le rang assigné aux divers vilayets syriens parmi tous les vilayets turcs par le montant des recettes générales qui y sont réalisées.

(2) Ce numéro indique le rang assigné aux divers vilayets syriens parmi tous les vilayets turcs par le montant des dépenses générales qui y sont effectuées.

Le problème fiduciaire est de plus grande importance encore. Si avant la guerre il circulait peu de billets en Syrie, ceux émis par la Banque ottomane n'étant, jusqu'à présent, remboursables qu'à Constantinople, les énormes émissions faites par le Gouvernement turc au cours des hostilités ont inondé de *currency notes* la Syrie comme toutes les parties de l'empire et provoqué une dépréciation de l'instrument de paiement que l'absence de renseignements précis pour ces régions ne permet pas de chiffrer, mais qui sera certainement un obstacle au relèvement économique du pays. L'assainissement s'impose ; la création d'une Banque d'État pourrait faciliter l'adoption de mesures tendant à retirer le papier-monnaie turc en excès par rapport aux besoins normaux de la circulation.

3° *Travaux publics*. — Les destructions et l'usure causées par la guerre nécessiteront une remise en état préalable à toute amélioration de l'outillage économique. Ces améliorations utiles pourraient ensuite consister dans la construction de routes et de ponts, l'extension du réseau ferré, la réparation des canalisations anciennes, des travaux d'irrigation, de reboisement, de desséchement de marais, de captage de chutes d'eau, la prospection et l'exploitation du sous-sol, l'amélioration des ports, la création d'usines à gaz et à électricité, de tramways.

Le nouveau Gouvernement pourrait effectuer les travaux soit directement, soit par l'intermédiaire de Sociétés concessionnaires.

4° *Développement de l'agriculture*. — Le Gouvernement se préoccupera certainement de la diffusion nécessaire des méthodes modernes de culture, de l'importation de France des machines aratoires, enfin et surtout de l'amélioration du statut de la propriété foncière notamment par l'établissement d'un cadastre.

5° *Développement du commerce*. — La refonte suivant les directives françaises de la législation commerciale, spécialement en ce qui concerne la constitution et la réalisation du gage, l'introduction du système métrique des poids et mesures, l'institution de chambres de commerce en Syrie et d'offices de renseignements en France, etc., donneront à la Syrie la vitalité commerciale qu'elle est en droit d'attendre et à la France la place qui doit lui revenir dans cette masse d'échanges développée.

6° *Développement de l'industrie*. — L'industrie est à peu près inexistante et tout reste à faire dans cet ordre d'activité. Si l'on met de côté les filatures de coton dont il a été parlé, on ne peut guère mentionner que les petites fabriques d'étoffes d'or, de tapis, de châles, d'orfévrerie de Damas, les quelques savonneries et huileries disséminées dans le pays et les fabriques d'objets de nacre de Beyrouth. Il ne peut être question de provoquer le passage immédiat au stade industriel d'un pays tel que la Syrie à qui toute sa complexion économique impose encore la prédominance de l'activité agricole; mais l'action du Gouvernement pourrait l'y acheminer en favorisant la constitution d'industries locales de transformation des produits agricoles (meunerie, distillerie d'essences, teinturerie, tannerie.....)

Tels sont les principaux problèmes qui se poseront et dont le Gouvernement syrien et les conseillers français sauront assurer la solution.

B. — Action des particuliers. — Le développement des relations économiques entre la France et la Syrie exige, parallèlement à l'action gouvernementale, l'effort de nos industriels et de nos commerçants, et cet effort doit tendre à accroître aussi bien les exportations de produits français en Syrie que les importations de produits syriens en France.

Les exportations de France en Syrie d'abord. En effet, la guerre et ses conséquences impriment un caractère de réelle urgence à la question des exportations françaises, depuis de nombreuses années à l'ordre du jour. La dette extérieure très forte que la France a dû contracter pendant les hostilités du chef de ses importations démesurément grossies par les besoins de la Défense Nationale, du chef aussi de la diminution forcée de ses exportations, a très sensiblement déprécié son change. La liquidation de cette situation critique s'impose. Aussi est-il peu de nécessité mieux comprise en France que celle du rétablissement d'une balance commerciale favorable et à cet effet de l'organisation systématique de toute l'industrie en vue de l'exportation.

Il y aurait intérêt à drainer vers la Syrie la production des nouvelles industries d'exportation, puisque ce marché nous est d'avance acquis et que la sympathie que nous portent les populations syriennes les pousse dès à présent à préférer à prix égal les produits revêtus de nos marques. En dirigeant notamment vers ces régions la vente des cuirs, draps, cotonnades, lainages, soieries, de la mercerie, papeterie, parfumerie, quincaillerie, biscuiterie, verrerie, la France porterait aisément à la hauteur de ses importations ses exportations en Syrie qui sont faibles comparativement à celles de l'Angleterre.

D'autre part, et dans le même but, il y aurait lieu de favoriser les importations de produits syriens qui sont presque tous des matières premières utilisables en France et susceptibles, après transformation dans les usines de la métropole, d'une réexportation : ce sont en effet les soies grèges, les peaux brutes, le coton, les huiles.....

Mais cette double action des industriels et des commerçants, sur les exportations et les importations serait vite limitée si l'on n'en développait la matière, c'est-à-dire la production syrienne, et l'instrument, c'est-à-dire les transports maritimes France-Syrie.

Le développement des productions syriennes, agricoles et même industrielles est possible, ainsi qu'on l'a vu précédemment, à condition que la France accorde à la Syrie le concours de ses techniciens capables d'y répandre les meilleures méthodes (1), et l'aide de ses capitaux étendue tant aux entreprises d'utilité publique qu'à l'agriculture et à l'industrie locales.

Les moyens de transports, malgré l'importance qu'ils ont déjà acquise, devront également être multipliés et ils pourront l'être puisque les relations plus intimes de la France et de la Syrie assureront aux armateurs l'abondance et la régularité des frets.

III. — CRÉATION DE LA BANQUE DE SYRIE

Comment est-il possible de faciliter le rôle qui va de la sorte incomber aux industriels, commerçants, techniciens, capitalistes, armateurs français ?

Une Banque est, sans nul doute, le facteur essentiel du développement des exportations et importations françaises en Syrie, l'agent indispensable de la mise en valeur du pays, l'auxiliaire naturel du Gouvernement.

Une Banque apporte, en effet, d'abord la solution du problème de l'organisation de l'exportation, en centralisant une documentation sûre, précise et complète, documentation à la fois *générale*, c'est-à-dire relative aux conditions économiques de la Syrie, aux lois et usages qui y sont en vigueur, aux besoins qui peuvent s'y manifester ou y être suscités, aux débouchés que ces besoins offrent à l'industrie française, et *spéciale*, c'est-à-dire ayant trait à la solvabilité, à la surface, aux méthodes de travail de la clientèle importatrice.

Elle favorise en second lieu les exportations syriennes en assurant aux exportateurs des facilités de crédit pour la vente en France de leurs marchandises.

---

(1) Il ne peut s'agir de colonisation dans un pays déjà suffisamment peuplé.

Puis elle contribue à la mise en valeur du pays par le consentement de prêts aux agriculteurs et industriels locaux — ce qui accroîtra d'ailleurs la masse des produits exportables, — par la participation aux entreprises de travaux publics et d'amélioration agricole et industrielle dont les effets se feront sentir à plus longue échéance.

Enfin elle apporte au Gouvernement son aide dans l'exécution de ses projets financiers (réforme monétaire, escompte de bons du trésor, emprunts).

Ce programme très vaste réclame l'existence d'une institution à capitaux importants, à patronage puissant, dont le Conseil d'administration présente un haut *standing*, qui ait dans les grands centres financiers européens des attaches assez solides pour y centraliser les capitaux et qui dispose en Syrie d'un réseau d'agences locales assez vaste et assez bien outillé pour être en contact étroit avec le pays, en connaître les besoins et aménager, suivant ces besoins, les capitaux qu'elle y aura dirigés.

Aucune banque n'est, dès maintenant, plus à même que la BANQUE IMPÉRIALE OTTOMANE de remplir ces divers rôles qu'exige l'expansion économique française en Syrie. Elle possède, en effet, des agences ou bureaux dans les principales villes ; en voici la liste :

Sièges.	Dates d'ouverture.	Sièges.	Dates d'ouverture.
Beyrouth	1863	Aïntab	1906
Damas	1875	Homs	1908
Adana	1889	Saïda	1911
Mersine	1892	Hamah	1911
Alep	1893	Ourfa	1912
Tripoli	1901	Alexandrette	1913
Salefké	1906	Zahlé	1914
Caïffa	1906		

Elle a, de la sorte, une connaissance parfaite des besoins, des capacités et des usages du pays ; la réouverture de ses agences et le rétablissement des communications avec elles va même lui permettre d'avoir des renseignements de première source sur les répercussions qu'a pu avoir la guerre sur l'état économique de la Syrie. De plus, grâce à l'ancienneté et à l'étendue de ses relations avec la clientèle locale, elle a pu apprécier la valeur des principaux commerçants des places syriennes et elle pourrait, mieux que quiconque, dispenser le crédit nécessaire pour faciliter le commerce d'exportation.

En outre, la solidité de son crédit et la compétence de son administration dans les choses d'Orient en font l'institution la mieux adaptée immédiatement à accorder au commerce extérieur syrien les facilités bancaires nécessaires.

Enfin, la Banque Impériale Ottomane a d'importants intérêts dans les diverses entreprises créées en Syrie, elle peut ainsi suivre de plus près les affaires syriennes et participer activement au développement économique du pays.

Il convient d'ajouter que ses importantes agences d'Égypte pourraient apporter leur précieux concours; sa proximité donne en effet à l'Égypte une place de premier ordre dans le commerce syrien; on sait que c'est même, en ce moment, la monnaie égyptienne qui circule le plus couramment en Syrie.

Par son Comité de Paris, la Banque Ottomane aurait un fort appui auprès du marché français; par son Comité de Londres, elle trouverait également, sur le marché anglais, des facilités des plus utiles, et ses agences de Londres et de Manchester lui permettraient de jouer un rôle appréciable dans les relations commerciales anglo-syriennes dont on a vu précédemment l'importance.

A ce rôle nouveau, la Banque Ottomane ne rencontre qu'un obstacle : à savoir sa nationalité turque et sa qualité de Banque d'État de l'Empire Ottoman.

Mais il importe de rappeler que, dans son essence, elle est un groupement de capitaux français et anglais et qu'elle obéit à des directions françaises et anglaises. Il lui suffirait donc, pour la Syrie, de se dégager de cette forme, de changer en nationalité de droit sa nationalité de fait, pour constituer l'organisme financier le mieux outillé pour être le support de l'influence économique française en Syrie.

C'est dans ce but que le Comité de la Banque Impériale Ottomane a décidé de créer une filiale, de nationalité française, intitulée : « BANQUE DE SYRIE ».

Les statuts de cette Banque ont été déposés, le 26 décembre 1918, chez Mᵉ Grangé, notaire à Paris.

L'Assemblée constitutive s'est tenue le 2 janvier 1919 et a nommé les membres de son Conseil d'administration qui se trouve composé de :

Président :

M. VERNES (Félix), de la Maison Vernes et Cⁱᵉ, Administrateur de la Compagnie du Chemin de fer du Nord, Administrateur de la Banque Impériale Ottomane.

Administrateurs :

MM. DE CERJAT (Charles), Administrateur-Délégué de la Banque Impériale Ottomane ;

CHABRIÈRES (Maurice), de la Maison Chabrières-Morel et Cⁱᵉ (Lyon-Marseille) ;

GIRAUD (Hubert), Armateur, Administrateur-Directeur de la Société Générale de Transports Maritimes à Vapeur ;

HEINE (Georges), de la Maison Heine et Cⁱᵉ, Régent de la Banque de France, Administrateur de la Banque Impériale Ottomane,

HENRY (Arsène), Président de la Compagnie du Port de Beyrouth, Administrateur de la Banque Impériale Ottomane ;

MALLET (Raoul), de la Maison Mallet frères et Cⁱᵉ, Administrateur de la Compagnie du Chemin de fer P.-L.-M., Administrateur de la Banque Impériale Ottomane ;

MIRABAUD (Albert), de la Maison Mirabaud et Cⁱᵉ, Administrateur de la Compagnie du Chemin de fer P.-L.-M., Administrateur de la Banque Impériale Ottomane ;

DE NEUFLIZE (Jean), de la Maison de Neuflize et Cⁱᵉ, Régent de la Banque de France, Administrateur de la Banque Impériale Ottomane.

Le Conseil d'administration s'est adjoint :

MM. LEHIDEUX (Roger), de la Maison Lehideux et Cⁱᵉ, Président de l'Union Syndicale des Banquiers ;

MEYER-BOREL (C.-Alfred), de la Maison Marcuard, Meyer-Borel et Cⁱᵉ.

Le capital de la Banque de Syrie est de 10 millions de francs.

La Société, dont le but principal est de favoriser le développement économique de la Syrie, a pour objet de faire ou entreprendre, dans le sens le plus large, soit pour elle-même, soit pour le compte de tiers.

ou en participation avec des tiers, en France, en Syrie ou en tout autre pays, toutes opérations de banque, commerciales, financières, industrielles et immobilières.

Pour réaliser cet objet, la Banque de Syrie, dont le siège social est à Paris, aura des agences à Marseille et dans les principales villes de Syrie.

Le capital de 10 millions de la nouvelle Banque, les facilités de crédit qu'elle pourra obtenir tant de la Banque Impériale Ottomane que des groupes qui rayonnent autour d'elle, le concours des marchés financiers européens que lui assureront les Comités de Paris et même de Londres, la présence dans son Conseil d'administration de hautes personnalités de Marseille — place dont les relations d'affaires sont traditionnelles et constantes avec la Syrie — sont des éléments qui offrent à la Banque de Syrie de larges perspectives d'avenir, tant comme banque commerciale et industrielle que comme banque apportant une aide financière au futur Gouvernement syrien, en vue de la création des entreprises d'intérêt public, le cas échéant même, comme banque d'État se substituant au privilège que la Banque Impériale Ottomane tient actuellement du Gouvernement turc sur la Syrie territoire ottoman.

Les commerçants et industriels seront assurés de conserver avec le siège et les agences locales de la Banque de Syrie les mêmes excellentes relations et les mêmes facilités de toute sorte qu'ils avaient coutume d'avoir avec la Banque Impériale Ottomane.

IMPRIMERIE CHAIX, RUE BERGÈRE, 20, PARIS. — 865-1-19. — (Encre Lorilleux).

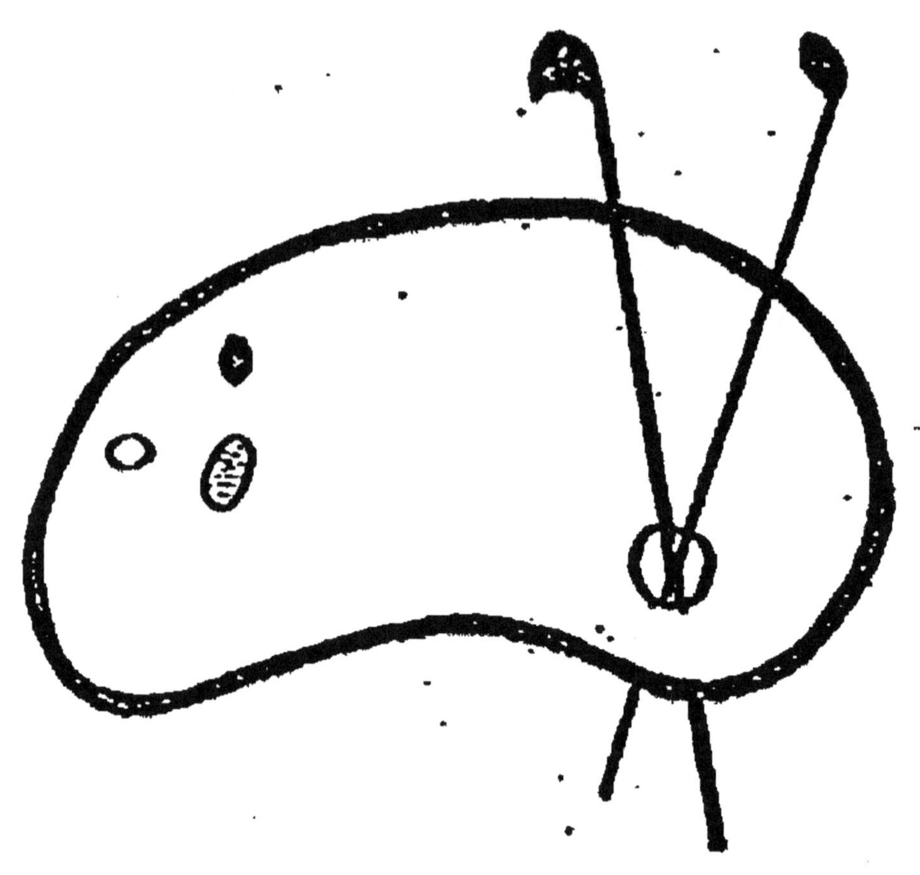

ORIGINAL EN COULEUR
NF Z 43-120-8